# ANALIZA KSIĄŻKI

# Madame Bovary

• • • • • • • • • • • • • • • •

## GUSTAVE FLAUBERT

# ANALIZA KSIĄŻKI

Napisany przez Pauline Coullet
Przetłumaczony przez Kâmil Kowalski

# Madame Bovary

## GUSTAVE FLAUBERT

# GUSTAVE FLAUBERT

## PISARZ FRANCUSKI

* **Urodził się w Rouen w 1821 r.**

* **Zmarł w okolicach Rouen w 1880 r.**

* **Prace godne uwagi:**

  ○ *Salammbô* (1862), powieść

  ○ *Edukacja sentymentalna* (1869), powieść

  ○ *Bouvard et Pécuchet* (1881), niedokończona powieść

Gustave Flaubert urodził się w 1821 roku w Rouen. Pasjonując się pisaniem, już w bardzo młodym wieku odkrył swoje literackie powołanie. W 1841 roku przeniósł się do Paryża, aby rozpocząć studia prawnicze, które jednak szybko porzucił. Autor zamieszkał w Croisset nad Sekwaną i zaczął uczęszczać do ówczesnych towarzystw literackich. Zaprzyjaźnił się z takimi osobami jak Charles Baudelaire (francuski poeta, 1821-1867), Iwan Turgieniew (rosyjski pisarz, 1818-1883), George Sand (francuska kobieta pióra, 1804-1876) i Guy de Maupassant (francuski pisarz, 1850-1893), dla których będzie wzorem do naśladowania.

Obsesyjny perfekcjonista, bronił literatury refleksyjnej i marzył o napisaniu "książki o niczym". Jego twórczość, wyróżniająca się także głębią psychologicznego studium postaci, stanowi przedsmak wielu zmian, jakim powieść uległa w XX wieku. Flaubert zmarł w 1880 roku, pozostawiając po sobie kilka niedokończonych powieści i obszerną korespondencję.

# *MADAME BOVARY*

## PORTRET MIESZCZAŃSKIEJ DAMY

- **Gatunek:** powieść

- **Wydanie źródłowe:** Flaubert, G. (1847) *Madame Bovary*. New York: Brentano's Pulishers.

- **Pierwsze wydanie:** 1856

- **Tematyka:** nuda, miłość, małżeństwo, cudzołóstwo, rozpacz, samobójstwo

Zainspirowana wiadomością z Normandii, powieść *Madame Bovary* została po raz pierwszy opublikowana w 1856 roku w formie powieści seryjnej w *Revue de Paris*, a następnie ukazała się jako pojedynczy tom w 1857 roku. Po opublikowaniu powieść stała się źródłem skandalu: przeciwko Flaubertowi wytoczono proces o niemoralność. Został on później uniewinniony od tego zarzutu.

*Madame Bovary* to portret młodej mieszczanki, która nudzi się w swoim małżeństwie i szuka pocieszenia u przelotnych kochanków. Powieść zapoczątkowała prawdziwą rewolucję w prozie: psychologiczna złożoność postaci, bezosobowa narracja i wielość punktów widzenia zmuszają czytelnika do własnej interpretacji dzieła. *Madame Bovary zyskała* wielką popularność w XX wieku, w którym stała się niewyczerpanym przedmiotem badań.

# STRESZCZENIE

## CZĘŚĆ PIERWSZA

Karol Bovary, "wiejski chłopiec", rozpoczyna szkołę w Rouen w piątej klasie. Biedny i mierny uczeń, mimo to udaje mu się awansować na stanowisko urzędnika służby zdrowia. Matka zmusza go do małżeństwa z bogatą wdową, która wkrótce umiera z rozpaczy, gdyż została zrujnowana przez swojego notariusza.

Pewnej zimowej nocy Charles zostaje wezwany do łóżka ojca Rouault, dobrze sytuowanego farmera, który właśnie złamał nogę. Na miejscu poznaje jego córkę, Emmę. Po śmierci wdowy i wyczuwając uczucia między dwojgiem młodych ludzi, Rouault oddaje rękę córki Charlesowi.

Po ślubie para udaje się do zamieszkania w Tostes, gdzie Charles sprawuje urząd. Bardzo szybko Emma orientuje się, że rzeczywistość nie pokrywa się z tym, o czym czytała w sentymentalnych powieściach. Charles jest mężem spełnionym, ale pozbawionym tajemniczości i wyrafinowania. Nuda jego żony rośnie z dnia na dzień, a ona sama jest coraz bardziej wrażliwa na wrogość i zazdrość teściowej. Pod koniec września zaproszenie na bal prowadzi do zakończenia izolacji młodej Bovary.

To wydarzenie zachwyca Emmę, która od tego momentu nie przestaje o nim marzyć. Schronienie znajduje w marzeniach i w powieściach, aby zwalczyć swoje przygnębienie i znużenie.

Półtora roku po balu zostaje u niej zdiagnozowane zaburzenie nerwowe. Z tego powodu para postanawia się wyprowadzić dla odmiany i zamieszkać w Yonville. Emma jest w ciąży.

## CZĘŚĆ DRUGA

W wieczór przyjazdu poznają pana Homais, aptekarza oraz Léona Dupuis, z którym Emma nawiązuje romantyczną rozmowę. Po narodzinach małej Berthe między Emmą i Léonem rodzi się więź. Léon pragnie wyznać jej miłość, ale nieśmiałość mu to uniemożliwia.

Spacer po dzielnicy Yonville w towarzystwie Homais i Léona daje Emmie okazję do porównania płaskości Karola z urokami młodzieńca. Rozumie, że Léon jest w niej zakochany, ale wkrótce, z powodu melancholii, opuszcza Yonville. Ta pierwsza miłość wydaje się być skazana na pozostanie platoniczną.

Dyskomfort Emmy znów powraca, ale pewnego dnia Rodolphe Boulanger, właściciel ziemski, nawiązuje kontakt z Bovaryami, gdy jeden z jego farmerów potrzebuje krwawicy. Stwierdza, że żona Charlesa jest bardzo ładna. Samotny i niepoprawny kobieciarz, natychmiast postanawia ją uwieść.

Na targach powiatowych w Yonville Rodolphe popycha swoje próby uwodzenia dalej. Później proponuje jazdę konną, która ma wyleczyć Emmę z neurastenii. Zostają kochankami, ale Rodolphe w końcu nudzi się, a nawet boi się egzaltacji swojej kochanki.

Emma wchodzi wtedy w okres wahań. Ogarniają ją wyrzuty sumienia, ale niepowodzenie operacji na stopie klubowej, którą bezmyślnie przeprowadził Charles, sprawia, że nieodwracalnie się od niego odrywa. Następnie ze zwiększonym zapałem odnajduje ponownie swojego kochanka.

Emma wkracza w ten związek i pożycza coraz więcej pieniędzy od pana Lheureux, aby kupić prezenty dla Rodolfa. Zakochani planują ucieczkę, ale to tylko podstęp, bo dzień przed planowanym wyjazdem Rodolphe wyjeżdża sam z miasta, zostawiając młodej kobiecie list. Zrozpaczona, zapada na poważną chorobę. Rozważa nawet samobójstwo. Podczas rekonwalescencji pan Lheureux nęka Charlesa, aby odzyskał kwoty, które pożyczył Madame Bovary. Karol z kolei pożycza i z miłością opiekuje się nią.

Aby zabawić żonę, Karol zabiera ją na przedstawienie w Rouen, gdzie przypadkiem spotykają Léona. Léon zaprasza ich, by zostali jeszcze jeden dzień w mieście.

## CZĘŚĆ TRZECIA

Léon uzyskuje spotkanie na następny dzień w katedrze. Proponuje Emmie, że przejadą się powozem po Rouen (to słynna scena z powieści, która sugeruje ich miłosne igraszki, ale nie jest powiedziana wprost). W Yonville, Madame Bovary znajduje sposób, aby wrócić do Rouen na trzy dni bez męża. Tam przeżywa z Léonem prawdziwy miesiąc miodowy.

Pan Lheureux naciska na parę coraz bardziej i popycha Emmę do niebezpiecznego zaangażowania się w serię kredytów, które są niemożliwe do spłacenia. Tymczasem udaje jej się wymyślać różne wymówki, by regularnie odwiedzać Rouen. Jednak sprawy nabierają tempa. Terminy spłaty weksli z lombardu są coraz bliższe, a ona nie jest w stanie ich spłacić. Co więcej, jej związek z Léonem rozpada się: oboje są znudzeni. Emma na przemian ma nadzieję i rozczarowanie, a namiętność słabnie.

W końcu pułapka Lheureuxa zamyka się: narożniki Emmy i zmusza ją do zwrotu długów, ale ona nie ma pieniędzy. W desperacji, idzie znaleźć swoich kochanków, którzy odmawiają jej pomocy. Zrozpaczona idzie do aptekarza i połyka butelkę arszeniku. Efekty są szybko odczuwalne: Emma umiera.

Karol wybiera na grób pompatyczne mauzoleum i raz na zawsze wypada z matki. Zostaje tylko z córką. Ojciec Rouault jest zrozpaczony, podobnie jak Charles, który jest nękany przez wierzycieli. Charles znajduje na strychu list Rodolphe'a. Dowiaduje się o ślubie Léona, a potem odkrywa wszystkie swoje listy do Emmy i nie może już wątpić w swoje nieszczęście. Pewnego dnia spotyka Rodolphego, do którego nie ma pretensji. Następnego dnia mała Berthe znajduje swojego ojca martwego na ławce w ogrodzie. Tymczasem Homais jest przytłoczony: "Właśnie otrzymał krzyż honoru".

# STUDIUM POSTACI

## EMMA BOVARY

Przedstawiona w kilku zgodnych słowach, Emma to romantyczna i niedojrzała prowincjuszka, ofiara romantycznych lektur i złudzeń. Wychodzi za mąż i wierzy, że znalazła miłość, ale rozczarowana i znudzona szuka namiętności gdzie indziej, w ramionach dwóch mężczyzn. Po raz kolejny nudzi się, pozostaje niezadowolona i w końcu popełnia samobójstwo. Nie jest to jednak podsumowanie złożoności tej postaci. W tekście pojawia się kilka portretów, które przedstawiają ją jako piękną kobietę. Narracja w trzeciej pozwala na zróżnicowanie perspektyw. Widzi ją jej mąż, jej dwaj kochankowie, postacie drugoplanowe i narrator. Wszystkie te percepcje są pełne pożądania. Czasami Emma kontempluje siebie w lustrze i jej własne spojrzenie jest pełne pożądania. Pożądanie mężczyzn jest tylko pretekstem do jej własnego, które nigdy nie zostaje spełnione. Rozczarowanie zawsze czeka.

Jej nazwisko i imię odzwierciedlają walkę między ideałem, marzeniami, powietrzem, pragnieniem (*Emma*) a stroną ziemiańską (*Bovary co* oznacza "wół"). Jej małżeństwo (zmienia wtedy nazwisko z Rouault na Bovary) jest pierwszym etapem jej męki, ponieważ jest wtedy naznaczona tą opozycją między jej marzeniami a rzeczywistością.

Nieustannie rzuca się w wir fantazji, która zderza się z konkretnym i chłopskim światem. Jej wyobraźnię karmią powieści, które czytała w klasztorze. Jest w tej postaci także oryginalność: autor wyśmiewa się ze swojej bohaterki, kiedy tylko może; krótko mówiąc, dla Flauberta Emma nie jest lepsza od innych, a wszyscy bohaterowie są głupi. Również dlatego trudno byłoby postrzegać Madame Bovary jako ofiarę i obraz kobiecej kondycji w XIX wieku.

Bovarysme to zatem nieskończona możliwość marzenia i zawsze rozczarowanie rzeczywistością. Zobaczymy poniżej, że ten antagonizm stanowi sedno stylu Flauberta.

## CHARLES BOVARY

Karol jest człowiekiem prostym i bardzo pospolitym. Można nawet powiedzieć, że jest swego rodzaju nieudanym prowincjuszem. Już na początku powieści zostaje przedstawiony jako śmieszny: chciał zostać lekarzem, a jest tylko urzędnikiem służby zdrowia. Dodatkowo, gdy naciskany przez Homaisa próbuje delikatnej operacji stopy klubowej, ponosi sromotną porażkę i jest zmuszony odciąć nogę nieszczęsnemu pacjentowi.

Kocha żonę i nigdy nie uważa jej za winną; o jej zdradzie dowiaduje się dopiero po jej śmierci i to prawdopodobnie go zabiło. Przede wszystkim jest człowiekiem nieporadnym, który nie rozumie swojej żony, nie zdaje sobie sprawy, że Léon, Rodolphe, a nawet Homais nie są jego przyjaciółmi, a nawet nie widzi, że Emma go rujnuje.

Jest jednak również jedną z najbardziej ujmujących postaci, która tak naprawdę istnieje w tekście tylko przed pojawieniem się Emmy i po jej śmierci, raczej tak, jakby bohaterka zajmowała całą dostępną przestrzeń (na początku powieści otrzymuje nawet monolog wewnętrzny, który, jak zobaczymy, nadaje znaczenie bohaterowi w systemie Flaubertowskim). Dziwnym zrządzeniem losu i ciekawym odwróceniem sytuacji, choć zbyt późno, w końcu staje się tym samym typem powieściowo-romantycznej postaci, którą Emma mogła pokochać.

Te dwie cechy, wulgarność i banalność oraz wrażliwość i głębia psychologiczna, czynią z Karola postać równie bogatą i złożoną jak prawdziwy człowiek.

## LÉON DUPUIS

Léon wydaje się być stworzony dla Emmy: to postać piękna, delikatna i romantyczna, która uwielbia bohaterkę i wielbi ją jak boginię. Niemniej jednak okazuje się niewdzięczny i całkowicie pozbawiony hojności, kiedy młoda kobieta szuka u niego pomocy i prosi go o pożyczenie pieniędzy: on odmawia, mimo że w czasie ich związku zawsze korzystał z hojności swojej pani.

Krótko mówiąc, podobnie jak Charles, jest człowiekiem przeciętnym. Uosabia drwinę z romantycznych marzeń, ale w znacznie słabszy sposób niż Emma, która jest pełna siły i energii. Przede wszystkim był pierwszym krokiem na drodze do pożądania dla Madame Bovary, która po nim ulega Rodolphe'owi, po czym wraca i opętuje go z kolei.

## RODOLPHE BOULANGER

Rodolphe jest miejscowym szlachcicem i wielkim uwodzicielem kobiet. Flaubert zrobił z niego coś w rodzaju prowincjonalnego Don Juana.

W przeciwieństwie do Léona, nigdy nie żywi do Emmy prawdziwych uczuć. Zostaje obsypany prezentami od swojej hojnej kochanki, co stawia ją na łasce pożyczkodawcy pana Lheureux. Kiedy pod koniec powieści wraca do niego, by poprosić go o pieniądze – oferując mu seksualną rekompensatę – on odmawia.

Jego najbardziej znaczącą rolą jest prawdopodobnie umiejętność uwiedzenia Madame Bovary i wtajemniczenia jej w cielesną namiętność, której wcześniej nie doświadczyła.

## PAN HOMAIS

Homais jest chyba najważniejszym bohaterem powieści, choć jest "postacią drugoplanową". Należy on do linii smutnej groteski, którą można dostrzec w całej twórczości Flauberta. Rzeczywiście, możemy wziąć pod uwagę, by wymienić tylko kilka, postaci urzędnika (Lekcja historii naturalnej: gatunek zaangażowany ), pana Arnoux (*Edukacja sentymentalna)*, Bouvarda i Pécucheta (*Bouvard i* Pécuchet) itd. Jest uosobieniem ludzkiej głupoty (Homais, wywodzący się z łacińskiego *homo*, *hominis*, czyli "człowiek").

Jest on wzorem pretensjonalnego, pedantycznego i złośliwego głupca. Antyklerykał, ale pragnący "religii dla ludu", przedstawiony jest jako obrońca własności prywatnej i marzy o honorze, jednocześnie odrzucając system. To do niego należy "ostatnie słowo" w książce, w swoistym mieszczańskim happy endzie, w którym widać drwinę Flauberta: Homais "właśnie otrzymał krzyż honoru".

Ta postać, która nabiera coraz większego znaczenia, pojawia się dopiero w drugiej części fabuły. Robi wrażenie na miasteczku, gdzie uchodzi za intelektualistę, bo jest aptekarzem, "redaktorem naukowych pamfletów" (w rzeczywistości tylko jednego, o produkcji cydru!) i korespondentem *Fanala* w Rouen (gazeta miejska). Jest głupcem, ale jego duma i ton imponują zwykłym ludziom.

Odgrywa on także bardzo ciekawą rolę w schemacie narracji, gdyż jest zawsze obecny w momentach, w których historia nabiera tempa: to on zapowiada zorganizowanie targów powiatowych (gdzie Rodolphe uwodzi Emmę), to on proponuje wyjazd do teatru w Rouen i jazdę konną (z Rodolphem), to on sugeruje pobieranie lekcji gry na fortepianie (z Léonem), a także to on wskazuje – niechcący – w obecności Madame Bovary miejsce przechowywania arszeniku.

# ANALIZA

## MIĘDZY REALIZMEM A ROMANTYZMEM

Często zwykło się umieszczać Flauberta wśród powieściopisarzy realistycznych drugiej połowy XIX wieku. W rzeczywistości jego twórczość sytuuje się bardziej pomiędzy:

- Realizm klasyczny (Balzac): przedstawia ponurą rzeczywistość i przywołuje rzeczy w całej ich banalności;

- Liryka romantyczna: istnieje skłonność do romantycznego marzycielstwa, swoisty idealizm, choć ten ostatni zawsze kończy się "defloracją".

Pisarz daje przykład słynnej sceny jarmarku hrabstwa, która jest punktem przejściowym w fabule, "ubóstwo" struktury powieści, a także dyptykiem ilustrującym dwie strony dzieła. Groteskowe przemówienia polityków na temat rolnictwa mieszają się, w dość komiczny sposób, z romantycznymi słowami Rodolfa i Emmy. Po obu stronach następuje "obniżenie": obie mowy pełne są frazesów i stereotypów. *Madame Bovary* jest więc przede wszystkim książką o uniwersalnej głupocie. Jest powieściową ilustracją *Słownika myśli zastanych*.

Rodolphe, który w tym fragmencie próbuje uwieść Emmę, ilustruje te dwa aspekty powieści w swojej wypowiedzi na temat moralności:

> *"Ach! ale są dwa", odpowiedział. "Mała, konwencjonalna, ta ludzka, ta, która ciągle się zmienia, która tak głośno hałasuje, która robi takie zamieszanie tu na dole, na ziemi ziemskiej, jak masa imbecyli, którą widzisz tam na dole. Ale to drugie, wieczne, które jest wokół nas i ponad nami, jak krajobraz, który nas otacza, i niebieskie niebo, które daje nam światło.*

Ale i tu Flaubertowi udaje się wyśmiać tę liryczną pokusę chatelaina, który flirtując z Emmą nie może powstrzymać się od podziwiania pięknych zadów krów pasących się poniżej.

Te dwa przeciwstawne elementy – pęd ku temu, co czyste, idealne i ruch opadający w dół, ku rozczarowaniu – są konieczne, by ująć cały świat i jego złożoność. Z nieco scholastycznej perspektywy można by powiedzieć, że autor pokazuje przez to przejście między romantyzmem a realizmem:

> *Flaubert pisał z "nienawiścią do realizmu", czyli daleko od zwykłego opisowego sprawozdania z rzeczy, postaw, zdarzeń, społeczeństwa. Ale pisał też z nienawiścią do fałszywej idealności uczuć. (Neefs, 2009: 21-30)*

## OPIS I REALIZM SUBIEKTYWNY

W tradycyjnych powieściach opis zawsze był obecny, aby wspierać, sytuować i datować historię. Szczegóły nadają opowieści większą prawdę (czy raczej prawdopodobieństwo: Barthes, 2002: 25-32), a także uczą nas więcej o społeczeństwie, obyczajach i danym kraju. Są one jednak zawsze wtórne wobec fabuły powieści, a służą przede wszystkim temu, by przenieść nas w inne miejsce, w miejsce opisane jako prawdziwe, które powinno stać się dla nas równie znajome jak wydarzenia z naszego własnego życia.

Jednak w przypadku Flauberta i *Madame Bovary* odkrywamy, że "fabuła jest tak mało istotna, że w istocie prawdziwym tematem dzieła jest jej brak" (Bolleme, 1964: 193). Jeśli chodzi o opis Flauberta, to nie jest on błahą ewokacją ani prostą dekoracją wspierającą akcję. Nie jest to "mnogość bezużytecznych szczegółów opisowych", jak twierdzi krytyk Louis Edmond Duranty: "*Madame Bovary* reprezentuje upór opisu. [...] Nie ma w tej powieści ani emocji, ani życia, ani uczuć" (czasopismo *Réalisme,* 15 marzec 1857).

W istocie można mówić o "realizmie subiektywnym":

- Opisy Flauberta dążą do transfiguracji rzeczywistości. Przede wszystkim stan psychiczny postaci, która widzi, czuje i słyszy. Rzeczywistość zostaje przepisana po przejściu przez wnętrze bohatera.

- Poprzez to skupienie się na zewnętrznym obiekcie i jego wstawienie w subiektywność, opis staje się wydarzeniem i niemal zajmuje miejsce narracji.

- Ta internalizacja przedmiotu operuje poprzez doznania. Flaubert sprawia, że czujemy rzeczy i nie pozwala nam na analizę. Preferuje formę "wiedzy przez kontakt", która zakłada pewną swobodę interpretacji dla czytelnika, ponieważ rzeczy są powiedziane w milczeniu i implicite jest zawsze obecny.

Aby zilustrować te punkty, posłużymy się innym słynnym fragmentem powieści, który ma miejsce, gdy Emma i Charles są sami w kuchni gospodarstwa Bertaux (część 1, rozdział 3).

*Pewnego dnia dotarł tam około godziny trzeciej. Wszyscy byli na polach. Wszedł do kuchni, ale nie od razu zauważył Emmę; okiennice zewnętrzne były zamknięte. Przez szczeliny w drewnie słońce wysyłało przez podłogę długie drobne promienie, które łamały się na rogach mebli i drżały wzdłuż sufitu. Niektóre muchy na stole pełzały po szklankach, które były używane, i brzęczały, gdy topiły się w resztkach cydru. Światło dzienne, które wpadało przez komin, czyniło aksamit z sadzy z tyłu kominka i dotykało błękitem zimnego żużlu. Między oknem a paleniskiem Emma szyła; nie miała na sobie fartucha; na jej nagich ramionach widać było małe kropelki potu.*

*Zgodnie z modą wiejskich ludzi poprosiła go o coś do picia. On odmówił; ona nalegała, a w końcu ze śmiechem zaproponowała, że wypije z nim kieliszek likieru. Poszła więc po butelkę Curaçao z kredensu, sięgnęła po dwa małe kieliszki, napełniła jeden po brzegi, do drugiego wlała niewiele, a po stuknięciu się kieliszkami, podniosła swój do ust. Gdy była już prawie pusta, pochyliła się, by pić, głowę odrzuciła do tyłu, usta wydęła, szyję naprężyła. Śmiała się, że nic nie dostała, a czubkiem języka, który przechodził między małymi zębami, zlizywała kropla po kropli dno kieliszka.*

*Usiadła ponownie i zabrała się do pracy, białej bawełnianej pończochy, którą cerowała. Pracowała z pochyloną głową, nie odzywała się, podobnie jak Karol. Powietrze wpadające pod drzwiami wzbijało trochę kurzu na flagi; patrzył, jak dryfuje i nie słyszał nic poza pulsowaniem w głowie i słabym gdakaniem kury, która zniosła jajko na podwórzu. Emma od czasu do czasu chłodziła policzki dłońmi, a te z kolei chłodziła na gałkach ogromnych kominków.*

*Skarżyła się, że od początku sezonu cierpi na zawroty głowy; zapytała, czy kąpiele morskie dobrze jej zrobią; zaczęła mówić o swoim klasztorze, Karol o swojej szkole; dotarły do nich słowa. Poszli na górę do jej sypialni.*

Ten tekst ilustruje zjawisko realizmu subiektywnego. Pierwsze trzy akapity są w pełni odbierane przez Karola. Jego uwaga skupia się na tym, o czym każą mu myśleć emocje: na muchach, które toną w szklance, na koralikach potu na nagich ramionach Emmy, na jej łapczywym zlizywaniu curaçao i na cieple bijącym z policzków młodej kobiety. Jakże nie odczuć stojącego za tymi doznaniami zażenowania, nieśmiałości, niepokoju, ale i pożądania urzędnika służby zdrowia? Postrzega on świat zgodnie ze swoim "wewnętrznym rytmem". Elementy czysto materialne stawia więc w relacji z uczuciami, które są ledwie zarysowane.

Jednak świat może również wtargnąć, w całej swojej nieredukowalności. Nawet jeśli bohaterowie zdają się ożywiać przedmioty poprzez własne uczucia, stawiając je w kontakcie ze swoim wnętrzem, być może ten przedmiot jest tam również po to, by unieważnić znaczenie, które chcemy mu nadać: "Czy ten opis doznania niesie ze sobą znaczenie psychologiczne, czy też odzwierciedla po prostu materialną ekstazę, stupor pozbawiony sensu i czyste odczucie czystej rzeczywistości?" (Adert, 1996: 87). Innymi słowy, czy próbujemy nadać znaczenie czemuś, co jest bez znaczenia?

W twórczości Flauberta współistnieją dwie możliwości. Postrzeganie świata zewnętrznego może:

• albo symbolizują nastrój, emocję lub uczucie;

• albo tłumaczyć czyste doznanie, bezsensowną rzeczywistość.

Niezależnie od tego, jakie stanowisko wybierze czytelnik, możemy powiedzieć, że realizm Flauberta zakłada relację między nami a światem: stara się on ustanowić współudział ludzi i przedmiotów; Flaubert mógłby powiedzieć o wszystkich swoich książkach to, co powiedział o *Salammbô*: "Nigdy nie ma w mojej książce odizolowanego, swobodnego opisu; wszystkie *służą* (podkreśla ten punkt) moim postaciom i mają daleki lub bezpośredni wpływ na akcję" (List do Sainte-Beuve'a, 23-24th grudnia 1862).

## SWOBODNY STYL POŚREDNI I MONOLOG WEWNĘTRZNY

Wszyscy znamy słynne zdanie wypowiedziane przez Flauberta na temat stylu: "To, co chciałbym napisać, to książka o niczym, książka bez zewnętrznych załączników, którą trzymałaby wewnętrzna siła jej stylu [...] książka, która nie miałaby prawie żadnego tematu lub przynajmniej w której temat byłby prawie niewidoczny." (List do Louise Colet, 16 marca 1852).

Nie wchodząc w tę dyskusję, chcielibyśmy krótko poruszyć kwestię stylu wolnego pośredniego i monologu wewnętrznego stosowanego przez Flauberta.

Swobodny styl pośredni często występuje w monologach wewnętrznych, a monologi te są często wykorzystywane przez autora dla wszystkich bohaterów.

Aby zmierzyć znaczenie protagonisty dla pisarza, wystarczy zmierzyć ilość monologów wewnętrznych, jakimi obdarzył go autor. Emma jest tu zdecydowanym zwycięzcą, ponieważ monolog wewnętrzny jest formą Bovarysme: czytelnik odkrywa od wewnątrz, bez pośrednictwa, wszystko to, co bohaterka tłumi, cały ten wymarzony świat, do którego nie może dotrzeć ani nawet się porozumieć w codziennym życiu.

 ### DODATKOWE INFORMACJE: SWOBODNY STYL POŚREDNI

Swobodny styl pośredni to rodzaj wypowiedzi, w której podaje się transkrypcję słów lub myśli danej osoby, bez ich wyraźnego zaznaczania w tekście, jak w przypadku stylu bezpośredniego (Powiedziała: "Odejdź!") i pośredniego (Powiedziała mu, żeby odszedł.). Mogą jednak pozostać pewne oznaki oralności (np. wykrzykniki).

Dzięki tej metodzie stylistycznej możemy wejść do wnętrza postaci, nawet tego nie zauważając. Na tym polega siła stylu swobodnego pośredniego, który niełatwo odróżnić od narracji, do tego stopnia, że czasem trudno się zorientować, czy to głos bohatera, głos Flauberta czy głos opinii publicznej i plotek wdziera się do tekstu.

# DALSZA REFLEKSJA

## KILKA PYTAŃ DO PRZEMYŚLENIA...

- Określ, co w *Madame Bovary* należy do estetyki realistycznej, a co bardziej do romantyzmu.

- W jaki sposób scena na jarmarku powiatowym stanowi "ubóstwo" powieści?

- "Historia jest tak mało istotna, że w gruncie rzeczy prawdziwym tematem dzieła jest jej brak". Skomentuj ten cytat dotyczący *Madame Bovary*.

- Jakie są cechy subiektywnego realizmu Flauberta?

- Co sprawia, że opisy autora są oryginalne?

- Co to jest Bovarysme?

- Czy Twoim zdaniem autor piętnuje w tej książce niebezpieczeństwa związane z czytaniem?

- Wskaż stereotypy naśladowane w tej narracji.

- Twoim zdaniem, dlaczego Flaubert stosuje zarówno swobodny styl pośredni, jak i monologi wewnętrzne?

- Jak ta powieść uosabia ludzką głupotę?

- Dlaczego możemy powiedzieć, że już w tytule tekstu zawarty jest cały tragiczny zakres dzieła?

# DALSZE CZYTANIE

## WYDANIE REFERENCYJNE

Flaubert, G. (1847) *Madame Bovary*. New York: Brentano's Pulishers.

## BADANIA REFERENCYJNE

Adert, L. (1996) *Les Mots des autres. Lieu commun et création romanesque dans les œuvres de Gustave FLaubert, Nathalie Sarraute et Robert Pinget*. Lille: Presses Universitaires du Septentrion.

Barthes, R. (2002) L'Effet de reel. *Œuvres complètes. Tome III*. Paris: Seuil.

Bolleme, G. (1964) *La Leçon de Flaubert*. Paris: 10/18.

Flaubert, G. (1998) *Correspondances*. Paris: Gallimard.

Neefs, J. (2009) La Prose du reel. *Le Flaubert reel*. Berlin: Walter de Gruyter.

Herschberg Pierrot, A. (1993) *Stylistyka prozy*. Paris: Belin Sup.

Starobiński, J. (1983) L'échelle des temperatures. *Travail de Flaubert*. Paris: Seuil.

## ADAPTACJE

*Madame Bovary* była przedmiotem licznych adaptacji filmowych, m.in:

*Madame Bovary*. (1933) [Film]. Jean Renoir. Dir. Francja: Nouvelle Société des Films (NSF).

*Madame Bovary*. (1991) [Film]. Claude Chabrol. Dir. Francja: MK2 Productions.

*Chcemy usłyszeć od Ciebie, co się dzieje!*
*Zostaw komentarz na temat swojej internetowej biblioteki*
*i podziel się swoimi ulubionymi książkami w mediach społecznościowych!*

**Dlaczego warto wybrać Must Read?**

Dowiedz się wszystkiego, co musisz
wiedzieć o książce dzięki naszym zwięzłym i
dogłębnym streszczeniom i analizom!

**Odkryj to, co najlepsze w literaturze
w zupełnie nowym świetle!**

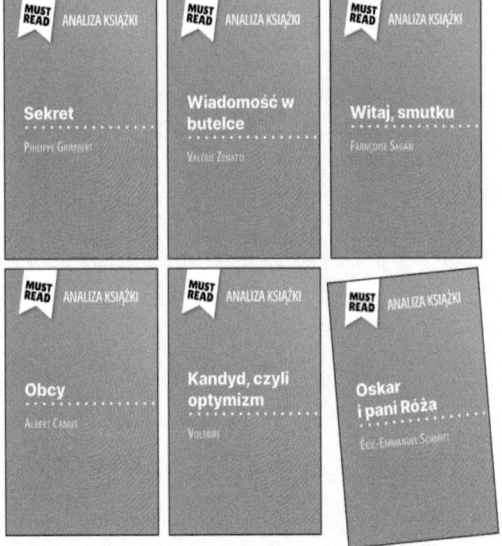

www.50minutes.com

Master ISBN: 9782808693684
Papierowy ISBN: 9782808615082
Depozyt prawny: D/2023/12603/1788

Verhaal: © Primento

Projekt cyfrowy: Primento, cyfrowy partner wydawców.